O MANUAL DE EPICTETO

Flávio Arriano

O Manual de Epicteto

tradução do original grego,
introdução e notas:

Aldo Dinucci

Auster

O Manual de Epicteto
Flávio Arriano
1ª edição — fevereiro de 2020 — CEDET

Os direitos desta edição pertencem ao
CEDET — Centro de Desenvolvimento Profissional e Tecnológico
Rua Armando Strazzacappa, 490
CEP: 13087-605 — Campinas–SP
Telefones: (19) 3249–0580 / 3327–2257
e-mail: livros@cedet.com.br

Editor:
Felipe Denardi

Tradução, introdução e notas:
Aldo Dinucci

Revisão:
Juliana Amato

Preparação de texto:
Vitório Armelin

Capa & diagramação:
Gabriela Haeitmann

Revisão de provas:
Jéssica Cardoso
Tamara Fraislebem

SUMÁRIO

Eu, Epicteto, nasci escravo; o corpo aleijado,
a pobreza de Íros, querido pelos Imortais.

Antologia Palatina, VII, 676.

Esse mesmo Epicteto [...] costumava dizer que há, entre todos, dois vícios mais graves e perniciosos: a impaciência e a incontinência, quando ou não agüentamos os sofrimentos que devem ser suportados, ou não nos abstemos de coisas e desejos em relação aos quais devemos nos abster. "Assim", diz Epicteto, "se alguém tomar a peito estas duas palavras e as velar através do governo e da observação de si mesmo, na maior parte do tempo não cometerá faltas e viverá uma vida tranqüilíssima". Epicteto afirma que as duas palavras eram: ***anéchou*** *(suporta) e* ***apéchou*** *(abstém-te).*

Aulo Gélio, *Noites áticas*, XVII, XIX, § 5.

INTRODUÇÃO

Epicteto

Um dos grandes nomes do estoicismo imperial entre Sêneca, Musônio Rufo e Marco Aurélio, Epicteto[1] nasceu no ano 55, em Hierápolis, na Frígia, e morreu por volta de 135, em Nicópolis, cidade fundada por Augusto em comemoração à sua vitória na Batalha de Áccio, na entrada do Golfo Ambrácico, no Épiro. Filho de uma serva, recebeu um nome comumente dado a pessoas dessa classe na Antigüidade, e que significa "adquirido". Seu senhor, Epafrodito, foi secretário

---

1 Seguindo a prosódia latina, à qual obedecemos ao pronunciar a maioria dos nomes de origem grega, diz-se "Epictêto", visto ser o "e" longo (Epictetus).

imperial de Nero e Domiciano.[2] Chegando a Roma, Epicteto passou a freqüentar a escola de Musônio Rufo. Ao tornar-se livre, lecionou na Cidade Eterna, onde viveu uma vida simples e humilde.

Entre 89 e 94, quando Epicteto já era um filósofo reconhecido, Domiciano expulsou todos os filósofos de Roma. Epicteto retirou-se então para Nicópolis, onde abriu sua escola de filosofia que logo ficou conhecida.

Tinha a saúde fraca e era manco,[3] defeito físico gerado pela brutalidade com que fora tratado na juventude.[4] Já em idade avançada, adotou um menino que estava prestes a ser abandonado pelo pai.[5]

Como Sócrates, nada escreveu. Seu pensamento atravessou os séculos por meio de seu aluno Flávio Arriano, cidadão romano de origem grega que, possivelmente com auxílio de taquigrafia, compilou suas

---

2 Nero, imperador de Roma entre os anos de 54 e 68 d.C.; Domiciano, imperador de Roma entre os anos de 81 e 96 d.C.

3 Cf. *Diatribes*, I, 8.14 e I, 16.20; Orígines, *Contra Celsum*, em Ante-Nicene Fathers, vol. IV, trad. Frederick Crombie. Buffalo: Christian Literature Publishing Co., 1885, VII, 53.

4 Cf. *Diatribes*, I, 19.8.

5 Cf. Simplicius, *Commentaire sur le Manuel d'Épictète*, Introduction et édition critique du texte grec. Leiden: Brill, 1996, 44.77.80.

aulas em oito livros (as *Diatribes de Epicteto*), dos quais sobreviveram quatro, que constituem o *Encheirídion*, síntese das idéias de Epicteto.

Contemporâneo de Plutarco e Tácito, Epicteto foi influente em seu tempo graças à amizade com o imperador Adriano,[6] e o imperador e filósofo Marco Aurélio Antonino[7] foi outro grande admirador e seguidor de seu pensamento. Aulo Gélio e Luciano o elogiaram. Galeno escreveu um tratado em sua defesa, hoje perdido. Sua influência chegou aos cristãos, e o mérito de seu pensamento foi reconhecido por homens como João Crisóstomo, Gregório Nazianzeno e Santo Agostinho. Orígenes o colocou, sob alguns aspectos, acima de Platão.[8]

Sua influência cresceu na Modernidade, e seu legado foi determinante para a constituição do neo-estoicismo formulado por Justus Lipsius e Guilhaume du Vair.

---

[6] Adriano foi imperador de Roma entre 117 e 138. Quanto à sua relação com Epicteto, cf. Aelius Spartianus, *Life of Hadrian*, 16, em *Historia Augusta*, vol. I, trad. Davie Magie. Harvard: Loeb Classical Library, 1921.

[7] Marco Aurélio foi imperador de Roma entre 161 e 180.

[8] As referências a esses testemunhos encontram-se em Schweighauser, *Epicteteae Philosophiae Monumenta*, vol. III, Leipzig: Weidmann, 1800, pp. 123–135.

O Encheirídion ou Manual de Epicteto

O *Encheirídion*[9] — termo que em grego significa "punhal", arma portátil ou livro portátil, manual — foi composto por Arriano a partir de anotações das aulas de Epicteto e consiste em um conjunto de apotegmas para que o seguidor do estoicismo tenha sempre à mão os princípios para enfrentar e vencer as dificuldades da vida. A compilação alçou o nome de Epicteto[10] e o fez merecer o comentário de Simplício, que chegou até nós. A regra beneditina acolheu vários aforismos do *Encheirídion*, e, no século XVII, 35 capítulos seus foram incluídos nas regras de conduta dos monges cartuxos.

Segundo Boter,[11] há 59 códices contendo o *Encheirídion* — nenhum deles anterior ao século XIV. Entre os mais antigos estão o *Parisinus suppl. gr.* 1164, o *Vaticanus gr.* 1950 (que contém apenas os três primeiros capítulos) e o *Oxoniensis Canonicianus gr.* 23

---

9 Pronuncia-se "Enqueirídion".

10 De acordo com Boter (*Epictetus Encheiridion*. Berlim, De Gruyter, 2007, p. 14), o fato de Estobeu, no século VI, citar ostensivamente o *Encheirídion* e raramente as *Diatribes* é evidência de que o *Encheirídion* tinha então se tornado a obra mais famosa de Epicteto.

11 Boter, G. *Epictetus Encheiridion*. Berlim, De Gruyter, 2007, p. 7.

(apenas com fragmentos). Os códices do *Encheirídion* dividem-se em duas famílias: uma que conta apenas com o *Atheniensis* 373 e outra que engloba todos os demais. A primeira é complementada pelos títulos supridos pelo códice *Vaticanus gr.* 327, no qual se encontra o comentário de Simplício.

Esta tradução segue a edição de Schenkl[12] do texto grego. Além disso, houve cotejo com as excelentes traduções de Nicholas P. White, Jean-Baptiste Gourinat e Pierre Hadot.[13]

Fundamentos do estoicismo a partir de Heráclito e Sócrates

O estoicismo surge na confluência de três filosofias: o pensamento heraclítico, o pensamento de Sócrates[14] e

---

[12] Schenk, H. *Die Epiktetishen Fragmente*, em *Sitzungsberichte der philos.–hist.* Calsse der K. Akad. der Wiss. Viena, 115, 1888, pp. 443–546.

[13] Cf. Hadot, P. *Manuel d'Épictète*. Paris, LGF, 2000; Gourinat, J. P. *Premières leçons sur Le Manuel d'Épictète*. Paris: PUF, 1998; White, N. P. *Epictetus, The Handbook, the Encheiridion*. Cambridge: Hacket, 1983.

[14] Considero, junto com a quase totalidade dos comentadores

o cinismo. Os estóicos se vêem como sucessores dos cínicos, e de fato o são, à medida que desenvolvem muitos aspectos da crítica cínica aos costumes e enfatizam o caráter prático da filosofia. De Heráclito retomam a noção do *logos* e o caráter crítico de seu pensamento. Consideram Sócrates o exemplo máximo no qual se cumpre a filosofia dedicada à construção de um homem integralmente forte e livre, desenvolvendo muitos temas do pensamento socrático, como por exemplo a questão da piedade.

Não há espaço para um estudo aprofundado sobre as raízes do estoicismo, mas cabe ao menos apresentar um caminho que una os estóicos àqueles que os inspiraram, relacionando brevemente Heráclito e Sócrates ao estoicismo e mostrando que, nos dois primeiros, já é possível identificar os fundamentos da doutrina estóica.

Um aforismo de Heráclito nos diz que "A água do mar é a mais pura e a mais poluída; para os peixes é potável e salutar, mas para os homens é impotável

---

contemporâneos, que os diálogos da juventude de Platão (*Laques*, *Cármides*, *Eutífron*, *Lísias*, *Hípias Menor*, *Eutidemo*, *Íon*, *Apologia*, *Crito*, *Protágoras*, *Górgias*, *República* I e primeira parte do *Mênon*) e os escritos de Xenofonte retratam, com algum grau de fidelidade, o pensamento do Sócrates histórico, e é a esse Sócrates que me refiro aqui.

e deletéria".[15] O fragmento indica que uma mesma substância pode ter diferentes efeitos sobre diferentes alvos. Assim, a água do mar é boa para os peixes, ruim para os homens. Extrapolando o aforismo, poderíamos dizer que a água do mar não é, em si, nem boa nem má, pois tudo pode ser bom ou mau em diferentes circunstâncias. Por exemplo: a água do mar é boa para o homem se este se servir dela para navegar ou pescar, mas é ruim se ele a beber; um veneno é letal para o homem em determinada quantidade, mas pode salvar a sua vida em outra.

Essa generalização parece ser confirmada por outro aforismo de Heráclito: "Para a Divindade, tudo é belo, bom e justo, mas os homens supuseram umas coisas injustas, outras justas".[16] O dito pode ser assim interpretado: para a Divindade (para o *logos* que governa o mundo e seus acontecimentos) tudo é belo, bom e justo, pois tudo ocorre de acordo com a sua lei. Os homens, porém, não têm uma compreensão objetiva do cosmos, pois estão no mesmo fluxo dos

---

[15] Hipólito. *Hippolytus' Refutationes omnium heresium*. Göttingen: Duncker, 1859, IX, 10, 5.

[16] Porfírio. *Porphyrii Quaestionum homericarum ad Iliadem pertinentium reliquias collegitdisposuit*. Ed. B. G. Teubner. Charleston: Nabu Press, 2010, IV, 4.

demais fatos e acontecimentos, e os pensam sob determinadas relações. Os próprios homens só são possíveis graças a determinadas relações através das quais mantêm-se vivos: sem o Sol não há homens, sem a água não há homens, sem a terra não há homens, e assim por diante. Porém, aqui, os homens se equivocam: ao perceberem que em determinadas relações certas coisas promovem suas existências, e outras, também em determinadas relações, as ameaçam, julgam umas boas e outras más. No entanto, o mesmo Sol que lhes clareia o dia pode matá-los de insolação, a mesma água que aplaca sua sede pode afogá-los em uma inundação, a mesma terra que lhes dá alimentos e frutos pode soterrá-los em um terremoto. Por si mesmas, portanto, essas coisas não são nem boas nem más — por isso recebem dos estóicos o nome de *indiferentes*[17] —, mas tornam-se boas ou más conforme a sua relação com os homens. Pode-se concluir que o bem e o mal, tomados na perspectiva humana, só existem em relação a esses mesmos homens.

Voltemo-nos para Sócrates. No *Eutidemo* de Platão, Sócrates observa que os bens reconhecidos pelos mortais transformam-se em males se

---

[17] *Adiaphora.*

administrados por imprudentes. Seu argumento principal pode ser apresentado da seguinte maneira: pensem, leitores, em uma lista de bens, incluindo coisas como a riqueza, a saúde, o poder, *status* social, o prazer, a vida. Considerem, porém, que a riqueza na mão de um tolo torna-se inútil ou destrutiva e, se pode ser má, não é em si mesma nem boa nem má. A saúde também nem sempre é um bem, já que seu contrário, a doença, às vezes pode levar o homem a valorizar sua vida e tomar ciência de si mesmo. O poder já foi oportunidade para a ruína e destruição de muitos. Um elevado *status* social pode tornar o homem arrogante e cercá-lo de falsos amigos. O prazer também nem sempre é um bem, pois há prazeres que escravizam e destroem os homens. Seu contrário, a dor, nem sempre é um mal, pois às vezes é um meio para se obter algo maior (como o atleta que se submete a um treinamento extenuante para melhorar seu desempenho). E a vida, também, não é em si mesma um bem ou um mal, pois há ocasiões em que a morte é opção melhor que a vida — como no caso de alguém que, para continuar vivendo, tem de trair seus princípios, sujeitar-se a indignidades ou compactuar com crimes.

Mas, afinal, existe alguma coisa que seja indiscutivelmente um bem para o homem? Há, sim:

a sabedoria (*sophia*). Somente a sabedoria propicia a verdadeira boa fortuna que consiste em estar ao abrigo da ventura, pois apenas ela transforma o que acontece aos mortais em bens. A sabedoria possibilitará ao homem desfrutar sua saúde e ser perseverante na doença, fazer bom uso tanto da beleza física quanto da feiúra, não ver no *status* social um mérito ou um demérito próprio ou alheio, usufruir o prazer e suportar a dor quando for preciso. A sabedoria, enfim, permitirá ao homem bem viver e bem morrer.

O QUE NÃO ESTÁ SOB O NOSSO CONTROLE

> *Das coisas, algumas estão sob nosso controle, outras não. Estão sob nosso controle o juízo, o impulso, o desejo, a repulsa — em suma: o quanto for tarefa nossa. Mas não estão sob nosso controle o corpo, as posses, a reputação, os cargos públicos — em suma: o quanto não for tarefa nossa.* (I, 1–2)

Tudo o que os homens consideram bens ou males — mas que, como vimos, não são bens nem males — não está sob o nosso controle. Sob nosso controle está aquilo que nos permite transformar em bens ou males as coisas que não nos cabe controlar. As coisas que não dependem de nós são escravas, pois não têm vontade própria ou qualquer poder sobre si mesmas, já que estão submetidas ou às leis do cosmos ou à vontade alheia. Assim, quem considerar suas essas coisas necessariamente tornar-se-á escravo como elas, pois é impossível controlá-las, e, ao desejá-las, submeter-se-á à mesma necessidade ou à mesma vontade às quais estão subjugadas. Entre as coisas que não estão sob nosso controle, contamos as opiniões alheias e os acontecimentos que não dependem de nós.

Quanto às opiniões alheias, Epicteto sugere raciocínios e regras de conduta que podemos seguir para ficarmos cientes e convictos de que essas opiniões precisam ser questionadas, relativizadas e superadas. Em v, o filósofo observa que não são as coisas que são boas ou más, mas sim as opiniões sobre elas, afirmando a necessidade de submeter à reflexão todas as opiniões — tanto as próprias quanto as alheias. Em vi e xxxiii, adverte-nos quanto à vaidade — pois o vaidoso faz sua felicidade depender da opinião dos muitos. Em xiii, xxiii e xlvi, trata de um caso particular de vaidade que pode dominar os que estudam filosofia: querer parecer sábio, apresentando-se como "o filósofo". Em x, xx, xxxiii, xlii e l, considera os diversos modos de escutar e desprezar as injúrias de modo racional. Em xix, xxiv e xxv, ressalta que o *status* social não é, por si, nem um bem nem um mal, e que não nos é conveniente buscá-lo se for preciso abandonar a nossa dignidade. Em XXXIII, discute como lidar com alguém de *status* superior sem nos diminuirmos. Em XXXIX recomenda evitar todo tipo de ostentação — pois ostentamos para agradar a opinião dos muitos e demonstrar poder. Em XXXIII, aconselha a não buscarmos a aceitação através do ridículo e, em XXXV, salienta que não é preciso que nos importemos com a opinião alheia se estivermos na iminência de fazer algo que consideramos correto.

Resumindo as argumentações de Epicteto quanto às opiniões dos muitos, pode-se dizer que quem se irrita com ofensas e chacotas, busca elogios, tenta agradar este ou aquele e luta por questões de *status* paga um alto preço: a liberdade. Quando crê que sua felicidade depende da aprovação alheia, o indivíduo passa a ser determinado pela exterioridade e é escravizado.

Voltemo-nos aos acontecimentos que não dependem de nós. Em II, Epicteto menciona o erro de pensar que está sob o nosso controle evitar a doença, a morte e a pobreza. Em III, XI, XII e XIV, observa que é necessário compreendermos o caráter contingente de tudo o que amamos. Em IV, avisa-nos que precisamos ter em mente as coisas que podem sair de nosso controle enquanto cumprimos uma tarefa, para que estejamos preparados para enfrentá-las. Em x, desenvolvendo esse tema, afirma que precisamos refletir sobre a qualidade que nos cabe usar em cada eventualidade. Em VII, aconselha-nos a ter a morte sempre em mente, para que vivamos com plenitude e sensatez. Em VIII e XXI afirma que é preciso aceitar e suportar a fatalidade. Em IX, observa que a doença não é um obstáculo para a vontade. Em XV fala-nos de como nos servir das coisas que vêm a nós. Em XVI trata de como consolar os que sofrem perdas e se desesperam. Em XVII salienta que, em larga medida, não podemos escolher o que somos, mas que está sob nosso controle cumprir dignamente o papel que nos foi dado. Por fim, em XVIII e XXXII, ressalta que há coisas mais valiosas e dignas do que simplesmente preservar a saúde e a vida.

Ao compreender o que está sob nosso controle e o que não está, devemos estar dispostos a aceitar tudo o que pode acontecer. Entretanto, embora não nos caiba evitar todos os contratempos, é tarefa nossa nos preparar para enfrentá-los, sejam quais forem.

O que está sob nosso controle

Embora não possamos evitar ou dominar as coisas que não estão sob nosso controle, cabe a nós fazer delas um bom uso — isto, sim, depende de nós e podemos controlar.

Por essa razão, é preciso que o homem se concentre sobre as coisas que dependem unicamente de si. São elas o autoconhecimento, a crítica às suas próprias opiniões e às dos muitos, a conquista de uma noção adequada de piedade e a fruição racional dos prazeres, além do cultivo de uma série de práticas que favorecem a interiorização e o fortalecimento do caráter. É preciso, em suma, que o homem concentre seus esforços na construção de um saber de caráter existencial, fruto de uma abrangente reflexão sobre a condição humana — saber que o possibilitará de conquistar o bem-viver.

Para o desenvolvimento de um caráter reflexivo, Epicteto sugere em primeiro lugar o cultivo do decoro. Em XXVIII, observa que não é prudente que revelemos nossos pensamentos a desconhecidos. Em XXXIII, afirma que não é adequado rir excessivamente. É preciso também evitar as festas de estranhos e dos que ignoram a filosofia (XXXIII), evitar ir com freqüência aos espetáculos públicos (XXXIII) e às palestras (XXXIII). Em XXXVI Epicteto considera que, em um banquete, não nos cabe simplesmente levar em conta o valor dos pratos dispostos à nossa frente em relação ao nosso corpo, mas também observar o devido respeito para com o nosso anfitrião.

É preciso que tal caráter reflexivo forme-se espontaneamente. Não se trata de um exercício de adestramento, mas de uma progressiva consciência individual através da qual nos distinguimos do que nos é externo. O termo "externo", aqui, não tem um sentido espacial, tampouco se contrapõe a uma interioridade no sentido cristão — algo como a interioridade de uma alma que busca a salvação — ou moderno do termo — a privacidade dos estados mentais de um eu —, mas se refere à distinção entre o que está e o que não está sob nosso controle. Em outras palavras: é interior a nós tudo o que está sob o nosso controle e tudo o que depende de nossa vontade; e nos é exterior tudo o que não está sob nosso controle e que não depende de nossa vontade.

Não é adequado que esse processo de interiorização nos torne solenes — tal cerimônia, como Epicteto observa em XXII, resulta da afetação —, mas que nos faça capazes tanto de levar em consideração o que nos é externo quanto a considerarmos nós mesmos como parte integrante de uma relação (o que fica claro em XXXI e em XLIII). Conforme observa Epicteto (XXX), será a reflexão sobre as relações que mantemos com as pessoas e coisas que nos esclarecerá qual é o papel que nos cabe no seio daquelas relações, o que podemos esperar e o que é adequado fazer. Aí encaixam-se as reflexões de Epicteto sobre que relações devemos manter com os prazeres (XXXIII; XXXIV; XLI) e que relações devemos manter com os deuses (XXXI).

Na verdade, o *Encheirídion* como um todo é uma análise dessas relações. Precisamos primeiro saber que relação alguém ou algo mantém conosco (se está ou não sob nosso controle) para depois tomarmos ciência do papel que nos cabe nessa relação. Como fruto de uma ampla reflexão sob a égide da razão acerca das relações e o papel de cada um no âmbito delas, o homem encontra seu lugar no mundo realizando-se. Epicteto se refere repetidamente ao ato de seguir a razão ou a faculdade diretriz: em XXXVIII, observa que não é adequado agir contrariamente à nossa faculdade diretriz, e retoma essa observação em L e em LI.

Além disso, é preciso que consideremos o exemplo dos que se destacaram por seguir a razão. Em V e LI, Sócrates é apontado como exemplo de vida em conformidade com a razão; em XXXIII, Sócrates e Zenão de Cítio; em XXXII, Apolo Pítico é mencionado em relação a um caso específico. O sábio ideal (XLVIII), concentrando o conhecimento das relações e agindo de acordo com esse conhecimento, é apresentado como um parâmetro a ser seguido pelo filósofo aprendiz, que precisa almejar ser ele mesmo um exemplo para os demais (XLVI).

O CARÁTER PRÁTICO DO MANUAL

A filosofia, desde Sócrates e através daqueles que, como Epicteto, o seguiram, carrega a busca por uma sabedoria de vida através da razão — sabedoria que nos possibilita bem viver ou viver de modo pleno e feliz. Para Sócrates, a filosofia tem como tarefa construir moralmente o homem através do bem-pensar e da ação que acompanhe esse bem-pensar. Epicteto segue essa concepção de filosofia e deixa isso claro em várias passagens do *Encheirídion*. Assim, em XLVI, afirma que não nos é adequado alardear nossos conhecimentos filosóficos, e sim agir em conformidade com eles. Em XLIX observa que o que há de louvável no estudo da filosofia não é o mero ato de interpretar e compreender um texto filosófico, mas o de pôr em prática esse conhecimento adquirido. Em LI conclama-nos a praticar nossos conhecimentos e efetuar a correção de nós mesmos. Em LII salienta que o objetivo da filosofia é a formação de um homem integralmente forte, e não de um homem que discurse bem mas que não aja de acordo com suas palavras.

Para que sintetizemos e tenhamos sempre à mão os diversos conteúdos do *Encheirídion*, Epicteto nos oferece vários comandos para serem memorizados (Cf. I; IV; XVI; XVIII e LIII) — comandos que nos servirão para que relembremos, sempre que precisarmos, os raciocínios que encerram.

O MANUAL DE EPICTETO

I. Das coisas, algumas estão sob nosso controle,[1] outras, não. Estão sob nosso controle o juízo, o impulso, o desejo, a repulsa — em suma: o quanto for ação nossa. Mas não estão sob nosso controle o corpo, as posses, a reputação, os cargos públicos — em suma: o quanto não for ação nossa. As coisas que estão sob nosso controle são por natureza livres, desimpedidas, desobstruídas. As que não estão sob nosso controle são fracas, escravas, obstruídas, alheias. Lembra então que, se crês livres as coisas que são por natureza escravas, e tuas as que são de outro, tu te farás obstáculo, chorarás, te inquietarás, censurarás tanto os deuses quanto os homens. Mas se pensares ser teu unicamente o que é teu, e o que é de outro, como o é, de outro, ninguém jamais te forçará, ninguém te impedirá, não censurarás ninguém e não acusarás ninguém; nem, sequer por uma vez, agirás constrangido, não terás inimigos e ninguém te causará danos, pois não sofrerás nada prejudicial. Então, almejando coisas tão importantes, lembra que é preciso não te empenhares de modo comedido, mas abandonar completamente algumas coisas e, por ora, deixar outras para depois. Porém, se queres tanto as coisas importantes quanto comandar e enriquecer, talvez não obtenhas nenhuma destas, porque almejas também as importantes, e não atingirás de modo algum aquelas coisas em razão das quais unicamente resultam a liberdade[2] e a felicidade.[3] Então, pratica dizer prontamente a toda impressão em estado bruto:[4] "És uma impressão, e de modo algum és o que se apresenta". Em seguida, examina-a e julga-a por essas regras que possuis — em primeiro lugar, principalmente, se está ou não sob o seu controle. Caso não esteja, tem à mão que "nada és em relação a mim".[5]

II. Lembra que a promessa do desejo é obter o que desejas, e a promessa da repulsa é não te deparares com aquilo que evitas. Lembra também que quem falha em obter o objeto do desejo é não-afortunado e quem se depara com seu objeto de repulsa é desafortunado. Portanto, se, entre as coisas que estão sob nosso controle, evitas as que são contra a natureza,[6] não te depararás com nenhuma das coisas que evitas. Mas, se tentas evitar a doença,[7] a morte ou a pobreza, serás desafortunado. Retira de ti, então, a repulsa sobre todas as coisas que não estão sob nosso controle e transfere-a para as que, estando sob nosso controle, são contra a natureza. Por ora, suspende por completo o desejo, pois, se desejas alguma das coisas que não estão sob nosso controle, necessariamente serás desafortunado; e até aqui nenhuma das coisas que estão sob nosso controle — as quais é bom desejar — está ao teu alcance.[8] Faz uso unicamente do impulso e do contra-impulso sem que, contudo, te excedas, com reserva e sem constrangimento.[9]

III. Sobre cada uma das coisas sedutoras, que se prestam ao uso ou que são amadas, lembra de dizer qual é a sua natureza, começando pelas menores coisas.[10] Se gostares de um vaso de argila, diz a ti mesmo: "Gosto de um vaso de argila", pois, se ele quebrar, tu não te inquietarás. Se beijares teu filho ou tua mulher, diz a ti mesmo que beijas um ser humano, pois, quando morrerem, não te inquietarás.

IV. Quando estiveres para empreender alguma ação, recorda-te de qual é a sua natureza. Se fores aos banhos públicos, considera o que acontece na sala de banho: os que atiram água, os que se esbarram, os que insultam, os que roubam. Empreenderás a ação com mais segurança se disseres prontamente: "Quero banhar-me e manter minha vontade[11] de acordo com a natureza". E da mesma forma para cada ação. Desse modo, se houver algum obstáculo ao banho, tem em mente que "eu não quero unicamente banhar-me, mas também manter minha vontade de acordo com a natureza — não farei isso se me irritar[12] com os acontecimentos".

V. Não são as coisas que inquietam os homens, mas as opiniões sobre as coisas.[13] Por exemplo: a morte nada tem de terrível, ou também a Sócrates teria se afigurado assim, mas é terrível a opinião sobre a morte, segundo a qual ela é terrível.[14] Então, quando formos impedidos, quando nos inquietarmos ou nos afligirmos, jamais consideremos qualquer outra causa senão nós mesmos — isto é, nossas próprias opiniões. É ação do ignorante acusar os outros pelos equívocos que ele mesmo comete. É do que começou a se educar acusar-se. É do homem educado não acusar os outros nem se acusar.

VI. Não te exaltes por nenhuma vantagem[15] que pertença a outro. Se, ao se exaltar, um cavalo diz "sou belo", isso é tolerável. Mas tu, quando ao te exaltares dizes "possuo um belo cavalo", saibas que te exaltas pelo bem do cavalo. Então o que é teu? O uso das impressões.[16] Desse modo, quando utilizares as impressões de acordo com a natureza, aí então te exalta: pois nesse momento te exaltarás pelo bem que é teu.

VII. Ao ancorar do navio em uma viagem marítima, se fores abastecer-te de água no porto pegarás pelo caminho uma conchinha e um peixinho, sendo preciso manter o pensamento fixo sobre o navio e voltar-se para ele continuamente, caso o capitão te chame. Se isso acontecer, é preciso que abandones tudo para que não sejas lançado ao navio amarrado como um carneiro. Assim também a vida: nada impede que te sejam concedidos uma esposinha e um filhinho ao invés de uma conchinha e um peixinho. Mas, se o capitão te chamar, corre para o navio e abandona tudo sem olhar para trás. Se és velho, não te afastes muito do navio, para que não fiques para trás[17] quando o capitão te chamar.

VIII. Não busques que os acontecimentos aconteçam como queres, mas quer que aconteçam como acontecem, e tua vida terá um curso sereno.

IX. A doença é um obstáculo para o corpo, mas não para a vontade, se ela não quiser. Claudicar é um obstáculo para a perna, mas não para a vontade. Diz isso para cada coisa que sucede contigo. E descobrirás que o obstáculo faz parte de outra coisa, não de ti.

X. Quanto a cada coisa que sucede contigo, lembra, voltando-te a ti mesmo, de buscar alguma capacidade que sirva para cada uma delas.[18] Se avistares um belo homem ou uma bela mulher, descobrirás que a capacidade em relação a esses é o autodomínio.[19] Se te vires diante de uma tarefa extenuante, tal capacidade será a perseverança.[20] Se fores alvo de insulto, descobrirás que tal capacidade é a paciência.[21] Habituando-te a esses modos, as impressões não te arrebatarão.

XI. Jamais, a respeito de coisa alguma, digas que a perdeu, mas sim que a restituiu. Teu filho morreu: foi restituído. Tua mulher morreu: foi restituída. "A propriedade foi tomada de mim": pois bem, também ela foi restituída. "Mas é sórdido quem a tomou". O que te importa por meio de quem Aquele que te ofereceu a pediu de volta? Na medida em que te são dados, usa os objetos do mesmo modo que se cuida de algo que pertence a outro, como os viajantes em uma hospedaria.[22]

XII. Se queres progredir, abandona pensamentos como "se descuido de meus negócios, não terei com o que viver", "se eu não punir o servo, ele se tornará inútil". Pois é preferível teres de morrer de fome sem aflição e sem medo a viveres inquieto na abundância. É preferível ser mau o servo a seres tu infeliz. Começa, então, pelas coisas pequenas: quando derramar-se um pouco de azeite, quando for roubado um pouco de vinho, diz que "por esse preço é vendida a ausência de sofrimento",[23] "por esse preço é vendida a ausência de inquietude",[24] "nada é de graça". E, quando chamares o servo, pondera que é possível que ele não venha e que, mesmo que venha, é possível que não faça nenhuma das coisas que queres. Mas ele não é assim tão bom para entregares a ele a tua inquietação.

XIII. Se queres progredir, conforma-te a ser visto como insensato e tolo quanto às coisas externas. Não anseies parecer saber coisa alguma. E, se pareceres ser importante a alguém, não dês crédito a ti mesmo. Pois sabes que não é fácil guardares a tua vontade, mantendo-a de acordo com a natureza, e ao mesmo tempo as coisas externas — mas, cuidando daquela, é absolutamente necessário descuidar destas.[25]

XIV. Se quiseres que teus filhos, tua mulher e teus amigos vivam para sempre, és um tolo. Pois queres que as coisas que não estão sob teu controle estejam sob teu controle, e que as coisas que são de outro sejam tuas. Do mesmo modo, se quiseres que o pequeno servo não cometa faltas, és um insensato. Pois queres que o vício não seja o vício, mas outra coisa.[26] Mas se quiseres não falhar em teus desejos, tu podes. Então exercita o que podes realizar. O senhor de alguém é quem possui o poder para conservar ou tomar as coisas desejadas ou não desejadas por esse alguém. Então, para quem anseia ser livre não é adequado querer nem evitar quaisquer coisas sob o controle de outro. Caso contrário, necessariamente será escravo.

XV. Lembra que é preciso que na vida te comportes como em um banquete. Quando alguma iguaria vier a ti, toma tua parte estendendo a mão disciplinadamente. Se passar ao largo, não a persigas. Se ainda não veio, não projetes de antemão o desejo, mas espera até que venha a ti. Age do mesmo modo em relação aos filhos. Do mesmo modo em relação à tua mulher. Do mesmo modo em relação aos cargos públicos. Do mesmo modo em relação à riqueza. E, um dia, serás um valoroso conviva dos deuses. Porém, se não tomares as coisas mesmo quando são colocadas diante de ti, mas as desdenhares, nesse momento não somente serás um conviva dos deuses, mas governarás junto com eles. Agindo dessa maneira, Diógenes, Heráclito e seus semelhantes foram, por seu valor, divinos — e assim foram chamados.

XVI. Quando vires alguém chorando em aflição, seja quando o filho esteja ausente, seja quando tenha perdido suas coisas, toma cuidado para que a impressão de que ele está envolto por males externos não te arrebate, mas tem prontamente à mão que "não é o acontecimento que o oprime — pois este não oprime um outro —, mas sua opinião sobre ele". No entanto, não hesites em te solidarizares com ele por meio de tuas palavras e, se for preciso, em te lamentares com ele. Mas toma cuidado para que não chegues ao ponto de deplorares também em teu íntimo.

XVII. Lembra que és um ator na peça teatral que o Mestre quiser:[27] se Ele a quiser breve, breve será; se longa, longa será; se Ele desejar que interpretes o papel de um mendigo, é para que interpretes esse papel com habilidade. E, da mesma forma se coxo, se magistrado, se homem comum. Pois isso é teu: interpretar belamente o papel que te é dado. Mas cabe a outro escolhê-lo.

XVIII. Quando um corvo não crocitar bons auspícios, que a impressão não te arrebate. Faz prontamente uma distinção em teu pensamento e diz: "Nenhum desses auspícios refere-se a mim, mas ou ao meu diminuto corpo, ou às minhas diminutas posses, ou à minha diminuta reputação, ou aos meus filhos, ou à minha mulher. Para mim, se assim o quiser, todas as coisas significam bons auspícios. Pois, se alguma coisa ocorrer, está sob meu controle beneficiar-me".

XIX. Podes ser invencível se não te engajares em lutas nas quais não está sob teu controle vencer. Cuida para que jamais te deixes arrebatar pela impressão e creias que é feliz alguém que vês preferido em honras, ou muito poderoso, ou, de algum outro modo, com boa reputação. Pois se a natureza do bem está nas coisas que podemos controlar, não haverá espaço nem para a inveja, nem para o ciúme. E tu mesmo também não irás querer ser nem general, nem magistrado, nem cônsul, mas homem livre. Não há senão uma única via para isso: desprezar as coisas que não estão sob nosso controle.

XX. Lembra que não é quem te insulta ou quem te agride que te injuria, mas a opinião de que estas coisas estão a te injuriar. Então, quando alguém te provocar, sabe que é o teu juízo que te provocou. Por essa razão, em primeiro lugar, cuida para não te deixares arrebatar pela impressão: uma vez que ganhares tempo e atrasares a tua reação, mais facilmente governarás a ti mesmo.

XXI. Que estejam diante dos teus olhos a cada dia a morte, o exílio e todas as coisas que se afiguram terríveis — sobretudo a morte. Assim, jamais ponderarás coisas abjetas nem desejarás coisa alguma excessivamente.

XXII. Se aspiras à filosofia prepara-te para, a partir de agora, seres ridicularizado, para que muitos riam de ti, indagando: "Subitamente ele nos volta filósofo?" e "de onde vem essa gravidade no olhar?". Não tenhas tal gravidade no olhar, mas agarra-te às coisas que se te afiguram como as melhores, como se tivesses sido designado para esse posto pela Divindade. Lembra que, se te prenderes a essas mesmas coisas, os que primeiro riem de ti te admirarão depois. Mas, se te deixares vencer por eles, receberás risadas em dobro.

XXIII. Se acontecer de te voltares para as coisas exteriores por ansiares agradar alguém, sabe que perdeste o rumo. Contenta-te, então, em ser filósofo em todas as circunstâncias. Mas, se anseias também parecer filósofo, exibe-te para ti mesmo — isso bastará.

XXIV. Que não te oprimam estes pensamentos: "Viverei sem honras e não serei ninguém em parte alguma". Pois, se a falta de honras é má, não podes ficar em mau estado[28] por causa de outro, nem em situação vergonhosa.[29] É ação tua obter um cargo público ou ser convidado para um banquete? De modo algum. Como, então, isso é desonra? Como não serás ninguém em parte alguma se é preciso que sejas alguém unicamente por meio das coisas que estão sob teu controle, coisas nas quais podes ser alguém de grande valor? Mas teus amigos ficarão desamparados? Por que dizes "desamparados"? Não terão de ti uns trocados nem os farás cidadãos de Roma? Quem te disse que essas coisas estão sob nosso controle e que não são ações de outros? E quem é capaz de dar a outro o que ele mesmo não possui? "Ganha dinheiro", dizem, "para que também nós o tenhamos". Se me for possível ganhar dinheiro mantendo-me decente, leal e magnânimo, indicai-me o meio e ganharei. Mas, se credes ter valor que eu perca os bens que me são próprios para que ganheis coisas que não são bens, vede como sois iníquos e ingratos. O que ansiais mais? Dinheiro ou um amigo leal e decente?[30] Ajudai-me sobretudo nisso e não acreditais ter valor que eu faça alguma das coisas[31] que me fariam perder essas qualidades.[32] "Mas a pátria", dizes, "no quanto depender de mim, estará desamparada". Ao contrário, de que tipo seria essa ajuda? A pátria não terá, por teu intermédio, pórticos e banhos públicos. E daí? Pois não há sandálias por intermédio do ferreiro, nem armas por intermédio do sapateiro, mas basta que cada um cumpra a ação que lhe é própria. E, se forneceres à pátria outro cidadão leal e decente, em nada a beneficiarás? "Sim". Pois bem, então tu não serias inútil à pátria. Indagas: "Que lugar terei na cidade?". O que te for possível mantendo-te ao mesmo tempo leal e decente. Mas se, ao ansiares beneficiar a cidade, pões a perder essas qualidades, que apoio serias para a pátria tornando-te indecoroso e desleal?

XXV. Alguém é preferido a ti em um banquete, em uma saudação ou ao ser chamado para aconselhar? Se essas coisas são bens, é preciso que te alegres, porque outro as obteve. Se são males, não sofras porque não as obtiveste. Lembra que não podes, ao não agir para obter coisas que não estão sob nosso controle, merecer parte igual aos que agem para obtê-las. Pois como quem não vai periodicamente à porta de alguém pode receber o mesmo que quem vai? E como quem não acompanha pode receber o mesmo que quem acompanha? E como quem não elogia pode receber o mesmo que quem elogia? Serás injusto e insaciável se ansiares tomar gratuitamente essas coisas e não pagares o preço pelo qual elas são vendidas. Por qual preço é vendido um pé de alface? Por um óbolo,[33] talvez. Então se alguém, ao entregar o óbolo, toma o pé de alface, e tu, não o entregando, não o tomas, não penses ter menos que quem o tomou. Pois, do mesmo modo que ele possui o pé de alface, tu possuis o óbolo que não entregaste. Assim também na vida. Não foste convidado para o banquete de alguém? Pois não pagaste ao anfitrião o preço pelo qual ele vende a refeição. Ele a vende pelo elogio, pelos obséquios. Se te interessa, paga o preço pelo qual ela é vendida. Mas, se não queres tanto conceder o elogio e os obséquios quanto obter a refeição, és insaciável e estúpido. Então nada em lugar da refeição? Certamente tens o não elogiar quem não desejas elogiar, o não ter de tolerar os que estão diante de sua porta.

XXVI. Aprende-se o propósito da natureza a partir daquilo em que não discordamos uns dos outros. Por exemplo: quando o jovem servo de alguém quebra um copo, tem-se prontamente à mão que "isso acontece". Então, quando o teu copo se quebrar, sabe que é preciso que ajas dessa mesma maneira, tal como quando o copo do outro se quebrou. Do mesmo modo, transfere isso para as coisas mais importantes. Morre o filho ou a mulher de alguém: não há quem não diga: "São coisas que acontecem com os homens". Mas, quando morre a mulher ou o filho do próprio homem, este diz prontamente: "Oh, desafortunado que sou!". É preciso que lembremos como nos sentimos quando ouvimos o mesmo acerca dos outros.

XXVII. Do mesmo modo que um alvo não é fixado para não ser atingido, assim também a natureza do mal não existe no cosmos.[34]

XXVIII. Se alguém entregasse teu corpo ao primeiro que encontrasse, tu te irritarias. Não te envergonhas se entregas teu pensamento ao primeiro que apareça, para que, se ele te insultar, teu pensamento se inquiete e se confunda?[35]

XXIX. Contempla[36] o que antecede e o que segue cada ação, e então a empreende. Caso contrário, como não terás ponderado sobre nenhuma dessas coisas, primeiro te entusiasmarás, depois, quando surgirem algumas dificuldades, abandonarás a tarefa de modo vergonhoso.

Queres vencer os Jogos Olímpicos? Também eu, pelos deuses! Pois é algo belo de se ver. Mas contempla o que antecede e o que segue tal vitória, e então empreende a ação. É preciso que sejas disciplinado, que cumpras rigorosa dieta, que te abstenhas de guloseimas, que obrigatoriamente te exercites na hora determinada, no calor, no frio, que não bebas água gelada de modo algum, nem vinho ocasionalmente. Em suma: que te confies ao treinador como a um médico. É preciso, então, que te lances à luta, desloques a mão,[37] torças o calcanhar, engulas muita areia, que algumas vezes sejas fustigado e, depois de todas essas coisas, ainda podes ser vencido. Tendo examinado essas coisas, se ainda quiseres, torna-te atleta. Caso contrário, como as crianças comportam-se, ora brincando de lutadores, ora de gladiadores, ora fazendo soar as trombetas, em seguida brincando de atores trágicos, assim também tu irás querer ora ser atleta, ora gladiador, depois orador, em seguida filósofo — mas nada serás com tua alma toda. Como um macaco, tudo o que vires imitarás, e uma coisa após outra te agradará. Pois nada empreendes após exame e investigação, mas ages ao acaso e guiado por caprichos.[38] Assim, alguns, quando vêem o filósofo e o escutam, como Eufrates[39] — e, de fato, quem é capaz de falar como ele? —, também querem ser filósofos.

Homem, examina primeiro de que qualidade é a coisa; em seguida, observa a tua própria natureza para saberes se a podes suportar. Anseias ser pentatleta ou lutador? Observa teus braços, teus membros, teu flanco, pois cada um nasceu para uma coisa. Pensas que podes, ao empreenderes o filosofar, comer do mesmo modo, beber do mesmo modo, desejar de modo semelhante, irritar-te de modo semelhante? É preciso que passes noites em claro, que te fatigues, que fiques distante da família, que sejas desprezado por um pequeno escravo, que todos os que te encontrem riam de ti, que tenhas a menor parte em tudo, nas honras, nos cargos públicos, nos tribunais, em todo tipo de assunto de pequena monta. Considera essas coisas se queres receber em troca delas a ausência de sofrimento, a liberdade, a ausência de inquietude. Caso contrário, nem comeces. Não sejas como as crianças: agora filósofo, depois coletor de impostos, em seguida orador, logo procurador de César. Essas coisas não combinam. É preciso que sejas um homem, bom ou mau. É preciso que cultives ou a tua própria faculdade diretriz[40] ou as coisas externas. É preciso que pratiques ou a arte acerca das coisas interiores ou acerca das exteriores.[41] Isto é: é preciso que assumas ou o posto do filósofo ou o do homem comum.

XXX. As ações convenientes são, em geral, medidas pelas relações. É teu pai? Isso implica cuidar dele e tolerá-lo quando te insulta, quando te bate. "Mas é um mau pai". A natureza determina que tenhas um bom pai? Não, mas que tenhas um pai. "Meu irmão é injusto comigo". Mantém então teu próprio posto em relação a ele. Para que a tua vontade esteja de acordo com a natureza, não contemples o que ele faz, mas o que te é dado fazer. Pois, se não quiseres, outro não te causará dano, mas sofrerás dano quando supuseres ter sofrido dano. Deste modo, então, descobrirás as ações convenientes para com o vizinho, para com o cidadão, para com o general: se te habituares a considerar as relações.

XXXI. Quanto à piedade em relação aos deuses, sabe que o mais importante é que possuas juízos corretos sobre eles[42] — que eles existem e governam todas as coisas de modo belo e justo — e que te disponhas a obedecê-los, a aceitar todos os acontecimentos e segui-los espontaneamente como realizados pela mais elevada das inteligências. Assim, não censurarás os deuses nem os acusarás de te terem esquecido. Isso não é possível de outro modo senão tirando o bem e o mal das coisas que não estão sob nosso controle e colocando-os unicamente entre as que estão sob nosso controle. Pois, se supuseres ser boa ou má alguma das coisas que não estão sob nosso controle, é absolutamente necessário, quando não atingires as que queres e te depararares com as que não queres, que censures e odeies os responsáveis. É natural a todo vivente fugir e evitar as coisas que se apresentam como prejudiciais e as causas delas, e buscar e admirar as coisas que se apresentam como benéficas e as causas delas. É inconcebível, então, que alguém, pensando sofrer algum dano, alegre-se com o que se lhe afigura causar o dano. Do mesmo modo que também é impossível que se alegre com o próprio dano. Daí também isto: um pai é insultado pelo filho quando não partilha com este as coisas que a este parecem boas. Também isto torna Polinices e Etéocles inimigos um do outro:[43] acreditar ser o poder tirânico um bem. Em razão disso também o camponês, o marinheiro, o mercador, os que perdem as mulheres e os filhos insultam os deuses. Pois aí onde está o interesse, aí também está a piedade. Assim, é preciso que quem cuida do desejo e da repulsa cuide também da piedade. Mas convém a todos fazer libações, oferecer sacrifícios e primícias segundo o costume ancestral, de modo puro, não indolente nem descuidado, nem mesquinhamente nem além de sua capacidade.[44]

XXXII. Quando fizeres uso da divinação, lembra que não sabes o que há por vir, mas que vais ao adivinho para seres informado sobre isso. Vais sabendo, já que és filósofo, qual é a natureza disso que está por vir: pois, se é algo que não está sob nosso controle, é absolutamente necessário que não seja nem um bem, nem um mal. Então não leves ao adivinho nem desejo nem repulsa, nem vás a ele temendo; mas, discernindo que tudo o que esteja para acontecer, seja o que for, é indiferente,[45] e nada é em relação a ti — pois poderás fazer uso conveniente do acontecimento (e isso ninguém poderá impedir). Então, confiante, vai aos deuses vendo-os como teus conselheiros. E depois, quando algo te for aconselhado, lembra que conselheiros recebeste e quais, se desobedeceres, desprezarás. Consulta o oráculo do mesmo modo que Sócrates julgava ter valor: para casos sobre os quais o exame como um todo refere-se às conseqüências e os pontos de partida para conhecer o assunto não são dados nem pela razão nem por alguma outra arte. Assim, quando for preciso partilhar o perigo junto com o amigo ou a pátria, não consultes o oráculo se é preciso partilhá-lo. Pois, se o adivinho te anunciar maus presságios, é evidente que isso significa a morte, a privação de alguma parte do corpo ou o exílio, mas a razão te persuade a partilhar o perigo e te pôr ao lado do amigo e da pátria. Portanto, dá atenção ao grande adivinho Apolo Pítico, que expulsou do templo o homem que não socorrera o amigo que estava sendo assassinado.[46]

XXXIII. Fixa, a partir de agora, um caráter e um padrão para ti mesmo, o qual guardarás quando estiveres só e quando estiveres com os outros homens.[47] Na maior parte do tempo fica em silêncio ou fala apenas o que é necessário, com poucas palavras.[48] Fala raramente, quando a ocasião o pedir. Mas não sobre nenhuma das coisas de pouca importância: não sobre gladiadores, corredores de biga, atletas, comida e bebida, o que se fala por toda parte. Sobretudo, não fales sobre os homens, recriminando-os, elogiando-os ou comparando-os. Então, se fores capaz, conduz tuas palavras e as do que estão contigo para o que é conveniente. Porém, se te vires isolado em meio a estranhos, guarda silêncio. Não rias muito, nem sobre muitas coisas, nem de modo descontrolado. Se possível, evita por completo fazer juramentos. Se não, faze-os na medida do possível. Evita os banquetes de estranhos e de homens comuns. Se alguma vez surgir uma ocasião propícia para ires a uma dessas festas, redobra a atenção sobre ti mesmo: ao menos jamais recaias nos modos dos homens comuns.

Pois sabes que, se o companheiro estiver impuro, também é necessário ficar impuro quem convive com ele, mesmo estando, por acaso, limpo. Quanto às coisas relativas ao corpo, usa-as na medida da necessidade: os alimentos, a bebida, a vestimenta, a casa, os empregados — mas exclui por completo tudo o que é relativo à ostentação e ao luxo.[49] Quanto aos prazeres do amor, é preciso que te preserves o quanto possível até o casamento. Mas, se os desfrutares, empreende os que não são contrários aos costumes. Em todo caso, não sejas grave nem crítico com os que fazem uso deles, nem te vanglories repetidamente por não os fazer. Se te disserem que alguém falou mal de ti, não te defendas das coisas ditas, mas responde que "ele desconhece meus outros defeitos, já que, não fosse assim, não mencionaria somente esses". Não é de modo algum necessário ir com freqüência aos espetáculos públicos. Mas, se surgir uma ocasião propícia para ires, não demonstres preocupação com ninguém senão contigo mesmo. Isto é, quere que aconteçam as coisas que acontecerem e deseja somente que vença quem for o vencedor, pois assim não te farás obstáculo. Mas abstém-te por completo de gritar, rir de alguém ou te deixar levar pela agitação generalizada. Depois de sair do espetáculo, não fales muito sobre o que lá se passou — a não ser sobre as quantas coisas que levam à tua correção —, pois, se o fizeres, será evidente que admiraste o espetáculo.[50] Não vás precipitada nem prontamente às palestras de alguns, mas, se fores, guarda um caráter ao mesmo tempo reverente, equilibrado e tolerável. Quando fores ter com alguém, sobretudo algum entre os que parecem proeminentes, indaga a ti mesmo: "O que Sócrates ou Zenão fariam em tais circunstâncias?" — assim não terás dificuldade em fazer uso conveniente da situação.[51] Quando fores te encontrar com algum dos muito poderosos, considera a possibilidade de que não o acharás em casa, de que serás impedido de entrar, de que as portas se fecharão para ti, de que ele não te dará atenção. Se ainda assim for conveniente ir, vai. Mas suporta os acontecimentos e jamais digas a ti mesmo que "a questão não era tão importante", pois isso é próprio do homem comum e de quem dá demasiada importância às coisas externas. Evita, nas conversas, lembrar freqüente e desmedidamente as tuas ações e aventuras perigosas. Pois não é tão prazeroso para os outros ouvir as coisas que te aconteceram quanto te é lembrá-las.[52] Evita provocar risadas, pois tal atitude resvala na vulgaridade e, ao mesmo tempo, enfraquece o respeito, em relação a ti, dos que te são próximos. Evita também recair em termos impróprios. Quando isso ocorrer, se a ocasião for propícia, repreende quem assim se comporta. Mas, se não for, deixa claro que estás descontente com a conversa, silenciando-te, enrubescendo e mantendo-te circunspecto.[53]

XXXIV. Quando apreenderes a impressão de algum prazer, guarda-te, assim como com outras impressões, para que não sejas arrebatado por ela. Que o assunto te espere: concede um tempo para ti mesmo. Lembra então destes dois momentos: um, no qual usufruirás o prazer; e outro posterior, no qual, tendo-o usufruído, te arrependerás e criticarás a ti mesmo.[54] Compara então com esses momentos o quanto, abstendo-te do prazer, te alegrarás e elogiarás a ti mesmo. Mas se surgir a ocasião propícia para empreender a ação, cuidado! Que não te vençam sua doçura, seu prazer e sua sedução, e compara esses ao quão melhor será saber-se vitorioso.

XXXV. Quando discernires que é preciso que faças algo, jamais evites ser visto fazendo-o, mesmo se os muitos supuserem algo diferente em relação à ação. Se não é correta, evita efetuá-la. Mas, se ages corretamente, por que temes os que irão te repreender de modo incorreto?

XXXVI. Assim como "é dia" e "é noite" têm plena validade em uma proposição disjuntiva, mas não em uma conjuntiva, escolher a maior porção da comida tem valor para o corpo, mas não tem o valor comunitário que é preciso observar em um banquete. Quando, então, comeres com alguém, lembra de não observares dos pratos postos à tua frente somente o valor para o corpo, mas também lembra de guardares o respeito para com o anfitrião.[55]

XXXVII. Se aceitares um papel além de tua capacidade, tanto neste te desgraçarás quanto deixarás de lado aquele que é possível que desempenhes bem.[56]

XXXVIII. Do mesmo modo que, quando caminhas, tomas cuidado para não pisares em um prego ou não torceres o pé, assim também toma cuidado para não ferires a tua própria faculdade diretriz. Empreenderemos cada ação com mais segurança se observarmos atentamente essa regra.

XXXIX. Para cada um, a medida das posses é o corpo, assim como o pé é a medida para a sandália. Se te fixares a essa regra, observarás a medida, mas se a violares, no fim serás necessariamente conduzido a um abismo. Do mesmo modo também em relação à sandália: se violares a regra para além do pé, torna-se dourada a sandália, depois púrpura, depois adornada. Não há limite para o que ultrapassou a medida.[57]

XL. As mulheres, logo após seus quatorze anos, são chamadas "senhoras"[58] pelos homens. Vendo assim que nenhuma outra coisa lhes cabe a não ser deitarem-se com eles, começam a se embelezar, e nisso colocam todas as esperanças. É de valor, então, cuidar para que percebam que não são honradas por coisa alguma senão por apresentarem-se disciplinadas e decentes.[59]

XLI. É sinal de incapacidade ocupar-se excessivamente com as coisas do corpo tal como se exercitar muito, comer muito, beber muito, evacuar muito, copular muito. É preciso fazê-las como algo secundário: que a atenção esteja toda voltada para o pensamento.[60]

XLII. Quando alguém te tratar mal ou falar mal de ti, lembra que ele o faz ou fala pensando que isso lhe é conveniente. Não lhe é possível seguir o que se te afigura, mas sim o que se lhe afigura, de modo que, se equivocadamente se lhe afigura, também ele, que se engana, sofre o dano. Com efeito, se alguém supuser ser falsa uma proposição conjuntiva verdadeira, não é a proposição conjuntiva que sofre o dano, mas quem se enganou. Com essas considerações, serás gentil com quem te insulta. Diz, pois, em cada uma dessas ocasiões, que "assim lhe parece".

XLIII. Cada coisa tem dois lados: um por onde pode ser levada e outro por onde não pode. Por exemplo: se o teu irmão for injusto contigo, não o tomes por aí, isto é, que ele é injusto — este é um modo inadequado de tomá-lo —; mas antes por aqui: ele é teu irmão, fostes criados juntos — assim o tomarás de modo adequado.

XLIV. Os seguintes argumentos são inválidos: "Sou mais rico que tu, logo sou melhor que tu"; "sou mais eloqüente que tu, logo sou melhor que tu". Os válidos são estes: "Sou mais rico que tu, logo minhas posses são maiores que as tuas"; "sou mais eloqüente que tu, logo minha eloqüência é maior que a tua". Tu não és nem a riqueza nem a eloqüência.[61]

XLV. Alguém se banha de modo apressado: não digas que ele se banha de modo ruim, mas de modo apressado. Alguém bebe muito vinho: não digas que ele bebe de modo ruim, mas em excesso. Como podes saber que ele o faz de modo ruim antes de discernir a opinião dele? Assim não te acontecerá, ao apreenderes as impressões compreensivas de algumas coisas, dares assentimento a outras.[62]

XLVI. Jamais declares ser filósofo nem fales freqüentemente com os que ignoram a filosofia sobre os princípios filosóficos[63] — faz as coisas que decorrem desses princípios. Em um banquete, por exemplo, não digas como é preciso comer, mas come como é preciso. Lembra que Sócrates de tal modo punha de lado demonstrações que os que ansiavam conhecer os filósofos iam até ele — e ele os levava, tolerando assim ser desconsiderado. Se suceder entre homens comuns uma discussão sobre princípios filosóficos, guarda silêncio na maior parte do tempo. Pois é grande o perigo de vomitares o que ainda não digeriste. E quando alguém te disser que nada sabes e não te ofenderes, sabe, nesse momento, que começaste a agir.[64] Os carneiros não levam o que pastaram aos pastores, mostrando o quanto comeram, mas, digerindo o que pastaram em seu interior, levam ao exterior a lã e o leite. Da mesma forma, não exibas os princípios filosóficos aos homens comuns, mas, ao digeri-los cumpra as ações que decorrem deles.

XLVII. Quando te adaptares, quanto ao corpo, à frugalidade, não te vanglories por isso. Nem digas, em toda ocasião que beberes água, que bebes água. E se quiseres em algum momento te exercitar para uma tarefa árdua, faz isso para ti mesmo e não para os outros. Não abraces estátuas,[65] mas, se tiveres forte sede, bebe um gole de água gelada e cospe — e não digas a ninguém.[66]

XLVIII. Posição e caráter do homem comum: jamais esperes benefício ou dano de si mesmo, mas das coisas exteriores. Posição e caráter do filósofo: espera todo benefício e todo dano de si mesmo.[67] Sinais de quem progride: não recrimina ninguém, não elogia ninguém, não censura ninguém, não acusa ninguém. Nada diz sobre si mesmo, como se fosse alguém ou soubesse algo. Quando algo lhe faz obstáculo ou lhe impede, acusa a si mesmo. Se alguém o elogia, ri-se de quem o elogia. Se alguém o recrimina, não se defende. Vive como os convalescentes, precavendo-se para não forçar, antes que se recuperem, algum dos membros que estão sarando. Põe por completo fora de si o desejo e transfere a repulsa unicamente para as coisas que, entre as que estão sob nosso controle, são contra a natureza. Em relação a tudo, faz uso do impulso amenizado.[68] Se pareces tolo ou ignorante, não te importes. Em suma: observa atentamente a si mesmo como se fosse inimigo e traiçoeiro.

XLIX. Quando alguém se enaltece por ser capaz de compreender e interpretar os livros de Crisipo,[69] diz a ti mesmo que "se Crisipo não escreveu de modo obscuro, ele não tem por que se enaltecer". O que anseio? Conhecer a natureza e segui-la. Busco, então, quem a interpreta e, ouvindo que é Crisipo, vou a ele. Não compreendo seus escritos. Busco, então, quem os interpreta — nada há que mereça reverência. Quando encontro o intérprete, resta-me fazer uso das coisas prescritas — unicamente isso merece reverência. Mas se admiro o próprio ato de interpretar, que outra coisa me torno senão gramático, em vez de filósofo? A única diferença é que interpreto Crisipo em vez de Homero. Então, ao contrário, quando alguém me disser: "Interpreta algo de Crisipo para mim", enrubescerei se não for capaz de exibir ações semelhantes às palavras e de acordo com elas.

L. Respeita o quanto te é exposto como fosse lei, como cometesses uma impiedade se o transgredisses. Se alguém disser algo de ti, não te voltes a ele, pois isso não é teu.

LI. Por quanto tempo ainda esperarás para julgar-te merecedor das melhores coisas e em nada transgredir os ditames da razão? Recebeste os princípios filosóficos, com os quais te era preciso concordar, e concordaste. Que mestre ainda esperas para que, por ele, efetues a correção de ti mesmo? Não és mais um adolescente, já és um homem feito. Se agora fores descuidado e preguiçoso, fazendo resoluções após resoluções, fixando, um dia após o outro, o dia depois do qual cuidarás de ti mesmo, não perceberás que não progrides, mas permanecerás, tanto vivendo quanto morrendo, um homem comum. A partir de agora, então, considera-te merecedor de passar a vida como um homem feito e que progride. E tudo o que se apresentar como o melhor será lei que não poderá ser transgredida por ti. E, se alguma tarefa difícil, prazerosa, grandiosa ou obscura te for apresentada, lembra que esta é a hora da luta, é a hora dos Jogos Olímpicos, que não há mais nada pelo que esperar e que, por um dia ou por uma ação, tanto o progresso é perdido quanto é conservado. Sócrates desse modo realizou-se: nada cuidando senão da razão em relação a todas as coisas com que se deparou. Tu, mesmo se não és ainda Sócrates, deves viver ansiando ser como Sócrates.

LII. O primeiro e mais necessário tópico da filosofia é a aplicação dos princípios: "Não sustentar falsidades". O segundo é o das demonstrações: "Por que é preciso não sustentar falsidades?". O terceiro é o que é próprio para confirmar e articular os anteriores: "Por que isso é uma demonstração? O que é uma demonstração? O que é uma conseqüência? O que é uma contradição? O que é o verdadeiro? O que é o falso?". Portanto, o terceiro tópico é necessário em razão do segundo; e o segundo, em razão do primeiro — mas o primeiro é o mais necessário e nele é preciso demorar-se. Porém, fazemos o contrário: no terceiro despendemos nosso tempo, e todo o nosso esforço é em relação a ele. Do primeiro descuidamos por completo. Eis aí por que, por um lado, sustentamos falsidades, e, por outro, temos à mão como se demonstra que não é apropriado sustentar falsidades.

LIII. É preciso em toda ocasião saber o seguinte:

> *Conduze-me, Zeus, e tu também, Destino,*
> *Para o posto ao qual um dia fui designado,*
> *Que eu, diligente, vos seguirei — e se, mau me tornando,*
> *Não o quiser, ainda assim vos seguirei.*[70]

> *Aquele que, de modo justo, ceder à necessidade*
> *É, para nós, sábio e conhecedor das coisas divinas.*[71]
> *Críton, se assim é desejado pelos deuses, que assim seja.*[72]
> *Anito e Meleto podem me matar, mas não podem me causar dano.*[73]

NOTAS À TRADUÇÃO

1. Em grego: *eph'hēmin*. *Epi* expressa uma relação de dependência. São, portanto, coisas que dependem de nós. Como Epicteto dirá a seguir, é preciso que nos concentremos nas coisas que estão sob nosso controle em três sentidos diferentes. Em relação à impressão: retirando dela todo o juízo (*hupolēpsis*) equivocado, a partir da compreensão de que nada do que não depende de nós é por si mesmo um bem ou um mal. Em relação ao impulso (pelo que traduzimos *hormē*): uma vez cientes de que produzimos nosso bem e nosso mal, é preciso moderarmos os impulsos

e encontrarmos o modo de agir segundo a natureza. Em relação ao desejo (*orexis*) e à repulsa (*ekklisis*): partindo mais uma vez da compreensão de que nada do que nos é externo é por si só um bem ou um mal, temos de fazer com que o desejo e a repulsa não mais se apliquem às coisas que não dependem de nós (sendo-nos necessário desejá-las como são), mas se voltem para as coisas que estão sob nosso controle.

2. "Liberdade", aqui, traduz *eleutheria*. É preciso distinguir *eleutheria* da liberdade no sentido moderno do termo. Todos os modernos concordam que a liberdade é incompatível com a determinação externa, qualquer que seja ela. Esse é o sentido meramente negativo do termo, o sentido físico, jurídico, hobbesiano, significando "ausência de constrangimento". O sentido positivo de liberdade na Modernidade é inaugurado por Descartes, quando afirma que a vontade livre é determinada pela evidência a prestar sua adesão (cf. *meditação metafísica* IV). O segundo sentido positivo de liberdade na Modernidade aparece também no pensamento cartesiano, quando Descartes afirma ser o livre-arbítrio "o poder absoluto do sim e do não" (nas duas cartas a Mesland de 1644 e 1645), poder que não comporta nenhuma limitação ou determinação.

O termo grego *eleutheria* significa a princípio a liberdade do cidadão em oposição à condição do escravo, aproximando-se do sentido hobbesiano. No âmbito filosófico clássico, o termo adquire um sentido mais amplo e pode ser compreendido como a efetividade do conhecimento na ação, o não ser conduzido pelo preconceito, o resultado do bom uso da razão na práxis individual.

3. *Eudaimonia*.

4. "Impressão", aqui, traduz *phantasia*. Para os estóicos, a *phantasia* é uma alteração (afecção) da mente que deriva do contato do objeto externo com a alma. Tal *phantasia* pode ser ou uma impressão compreensiva (*phantasia kataleptikē*) de caráter objetivo ou uma impressão não-compreensiva, contaminada pelas paixões e de caráter subjetivo. Assim, para que se cumpra a primeira e não a segunda, é preciso purificar a alma das falsas opiniões, de modo que essas não se misturem às impressões, maculando-as. Se dermos assentimento a uma impressão não-compreensiva, colocamo-nos sob o domínio das paixões e perdemos tanto a medida da reta ação quanto o domínio sobre nós mesmos. Assim, fazer bom uso das impressões significa testá-las e dar assentimento somente às

impressões compreensivas. Uma impressão em estado bruto é aquela ainda não submetida ao teste que consiste em indagar se refere-se a algo sob nosso controle ou não.

5. Em grego: *ouden pros emē.*

6. Os estóicos retomam a noção heraclítica de *logos*, princípio do real — e por isso identificado com Zeus —, lei que orienta o surgimento, o desaparecimento e as transformações de todas as coisas do mundo e também princípio físico da realidade (o fogo). Como as mutações do real ocorrem de acordo com uma medida, o logos, que a estabelece, é racional. Essa razão é inerente ao próprio mundo, visto ser também corpórea. Dessa forma, é o logos a própria natureza (*physis*) em três sentidos principais: a razão que governa o real, a lei que rege o fluxo das coisas e o princípio corpóreo e elementar de toda a realidade. Para os estóicos, seguir a natureza significa seguir essa razão universal na medida do humanamente possível, modelando e abraçando a instância humana do *logos*, o reflexo do *logos* em nós mesmos, a nossa faculdade diretriz — isto é: a razão humana. Precisamos fortalecer a razão individual para que vivamos de acordo com ela e não sob o influxo das paixões.

Viver sob o influxo das paixões, no estoicismo, significa viver dominado pela exterioridade. Paixão traduz o termo grego *pathē* ou o termo latino *passio*, que significam sofrimento físico ou moral. Evitar a paixão não é, no estoicismo, evitar o mundo dos sentidos, mas não agir sob o influxo da paixão, e sim sob o influxo da razão. Assim, o prazer será bom se for racional ou razoável. E também a dor será boa se — apenas se — for suportada racionalmente. Pois tanto o prazer quanto a dor, se usufruídos sem reflexão, podem ser destrutivos para o ser humano, já que não comportam limites em si mesmos. Por isso cabe a cada homem desenvolver ao máximo sua razão: ela permitirá suportar sofrimentos e desfrutar prazeres de forma construtiva e equilibrada, de forma feliz.

7. Evitar a doença, a morte e a pobreza está fora de nosso controle. Podemos cuidar de nosso corpo buscando nos manter saudáveis. Podemos trabalhar e poupar para propiciarmos o bom estado de nossas finanças. Podemos evitar situações perigosas para favorecermos a continuação de nossa existência. Entretanto, é preciso ter sempre em mente que, em última instância, não há como evitar a doença, a pobreza e a morte. Pois, por mais que nos guardemos fisicamente, ainda assim podemos ficar doentes, já que

a doença não está sob nosso controle — podemos, sim, cuidar de nosso corpo para favorecer a saúde. Por mais que poupemos e trabalhemos, não está sob nosso controle evitar a pobreza, que pode recair sobre nós por uma série de eventos alheios à nossa vontade, como calamidades e guerras. Por mais que evitemos situações perigosas, não está ao nosso alcance escapar de impedir e prever qualquer acontecimento que nos leve à morte.

8. O primeiro passo rumo à construção de uma sabedoria humana é identificar e descartar as falsas opiniões. Só após um longo exercício de prática filosófica será possível começar a compreender o que se é e o que se quer.

9. É preciso que tal exercício seja adquirido de forma não-constrangida. Ao praticante do estoicismo só cabe fazer ou deixar de fazer algo se souber por que fazê-lo ou não. O processo de desenvolvimento moral supõe um indivíduo livre que se dispõe a realizá-lo voluntariamente.

10. À medida que, partindo das menores coisas, empreendemos um gradual e abrangente processo de reflexão sobre nossos valores, chegamos a uma

compreensão existencial (isto é, não meramente verbal) do caráter efêmero de tudo o que é humano e da necessidade de que tenhamos isso sempre em mente para nos prepararmos para aceitar os acontecimentos e não perdermos tempo com preocupações e sofrimentos inúteis.

11. "Vontade", aqui, traduz o termo grego *prohairesis*, que consiste na faculdade de escolha do homem que agirá bem se dispuser de opiniões retas. É preciso compreender a *prohairesis* a partir da noção de *eleutheria* já apresentada acima.

12. Essa irritação é irracional, pois revela incompreensão e falta de reflexão. Dá-se ou por não se ter refletido sobre aquilo que poderia ocorrer ou por querer que tais coisas não ocorram — é o mesmo que querer controlar o que não está sob nosso controle.

13. A denúncia dos enganos da opinião que se apóia no ouvir dizer sem reflexão é comum a todo o socratismo. Tal denúncia é acompanhada pela afirmação do caráter terapêutico da crítica à opinião, que se traduz pela eliminação dos sofrimentos e dos medos que têm sua origem na ignorância. Encontramos um exemplo em Lucrécio:

> Pois assim como as crianças têm medo de tudo no escuro, assim nós, em plena luz, tememos coisas que não são mais de temer que aquelas que nas trevas apavoram as imaginações infantis. Esses terrores do espírito, essas trevas da alma não os podem espantar os raios de Sol ou a claridade do dia, mas tão-somente a luz da razão e o estudo da natureza. (*De Rerum Natura*, II, 1–60)

Marco Aurélio (XI, 23), citando Sócrates, nos diz que este "chamava as crenças populares de monstros que assustam as crianças".

14. Um tema central do estoicismo é a reflexão sobre a morte. Tal reflexão tem como objetivos tornar-nos cientes de nosso caráter efêmero para que vivamos mais intensamente e não deixemos as coisas importantes para depois — um depois que pode não haver (cf. LI); mostrar que a morte não é um mal e que não é preciso temê-la. Há todo um tesouro de reflexões sobre esse tema no pensamento dos socráticos ao qual remetemos o leitor. Aqui, cito Sócrates, que, segundo Platão (*Apologia de Sócrates*), teria dito em sua defesa não temer a morte, pois ou ela é o termo da vida após o qual não há nem bem nem mal — não sendo, assim, preciso temê-la —, ou, após a morte, por ter vivido de modo digno, ele iria para um lugar no qual encontraria as almas de outros homens dignos (não sendo, de novo, preciso temê-la).

15. A palavra grega é *aretē*, que se refere a qualquer qualidade excelente de algo. Por exemplo: um edifício tem *aretē* se é sólido ou belo; um carneiro tem *aretē* se dá boa lã; um guerreiro tem *aretē* se é forte e corajoso — o mesmo vale para as qualidades da alma humana.

16. O bom uso das impressões dar-se-á se, a partir de uma reflexão que nos leve a opiniões acertadas, compreendermos que nada exterior a nós é propriamente nosso. O nosso bem estará na capacidade de, através da sabedoria humana desenvolvida pela reflexão, transformar tudo o que nos é exterior em um bem.

17. Numa viagem de navio, quando descemos à praia em uma escala, podemos ter algumas alegrias (como recolher uma concha, pegar um peixe), mas temos de ter sempre em mente que a qualquer momento o navio irá zarpar, quando então, sendo chamados, teremos de deixar tudo para trás. Assim também é a vida: temos vez por outra a sorte de obter algo que nos dá alegria, mas não nos é adequado esquecer de que, a qualquer momento, o mesmo destino que nos concedeu tais coisas pode nos vir retirá-las. É preciso,

então, com sentimento de eqüidade, deixar que o destino as leve de volta.

18. Parte da preparação para as coisas que podem sobrevir é discernir em nós mesmos aquela qualidade que nos permitirá abordá-las de modo adequado.

19. *Enkrateia*: o império sobre si mesmo. Termo associado à *eleutheria* no estoicismo. O indivíduo torna-se mestre de si mesmo na medida em que não é conduzido pelo preconceito e não se deixa levar pelas aparências.

20. *Karteria*: o indivíduo persevera em seus projetos na medida em que não é conduzido pelas coisas externas.

21. *Anexikakia*: essa paciência decorre do fato de se possuir uma opinião acertada quanto ao caráter da injúria. O indivíduo que se preocupa com a opinião alheia (querendo controlar algo que não está sob seu controle) deixa-se determinar pela externalidade.

22. Uma reflexão adequada sobre a condição humana revela que as coisas que consideramos nossas simplesmente estão conosco, como os utensílios em um quarto de hotel. Se compreendermos existencialmente essa verdade, não nos inquietaremos quando perdermos aquelas coisas — quando as restituirmos.

23. Livres das paixões, atingimos a *apatheia* (ausência de sofrimento na alma), que se opõe a *pathos* (estado passivo em que impera o sofrimento, a dor, a aflição). É preciso observar que, para os estóicos, *apatheia* não significa insensibilidade (o que seria inumano), mas não ceder ao ímpeto que vem do exterior, não ceder à paixão. Quanto a isso, diz-nos Sêneca:

> Indigna é toda perturbação e inquietação, toda preguiça em relação a algum ato. O ato digno é seguro e desembaraçado, é intrépido, persevera. "E então? Não sofre o sábio algo semelhante à perturbação? Não mudará sua cor? Não se agitará seu vulto? Não gelarão seus membros? E não fará qualquer outra coisa em desacordo com o império da razão, mas de modo irrefletido, levado por certo ímpeto da natureza?". Sim, confesso, mas permanecerá nele a mesma convicção de que nenhuma dessas coisas é um mal nem digna de eclipsar a mente sã. Todas as coisas que precisam ser feitas o serão: o sábio as faz audaciosa e prontamente. (*Cartas a Lucílio*, LXXIV, 30)

24. *Ataraxia.*

25. Epicteto se refere ao perigo da vaidade devida aos conhecimentos adquiridos a partir dos estudos filosóficos. Isso porque o vaidoso se faz dependente das coisas exteriores (nesse caso, a aprovação alheia) e torna-se cativo delas.

26. Está sob o nosso controle instruir o servo para nos servir bem, mas está sob o controle dele seguir ou não as instruções.

27. A Divindade.

28. Literalmente: "Não podes estar no mal".

29. Ou seja: se estiver sob nosso controle tornar bom ou mau qualquer fato externo, a falta de honras não é, por si, um mal.

30. Qualidades presentes nos que se desenvolvem moralmente.

31. Quer dizer: buscar vantagens materiais.

32. Isto é: os bens morais.

33. Um óbolo equivale à sexta parte de uma dracma, a antiga unidade monetária da Grécia.

34. É impossível que a natureza do mal exista no mundo, já que ele segue leis imutáveis, invioláveis e harmônicas. Para os estóicos, o mal substancial também não existe no homem, pois todo erro é fruto de uma falsa opinião. Na medida em que é um socratismo, o estoicismo adere ao princípio fundamental do eudaimonismo: a afirmação de que todos querem ser felizes e, portanto, querem o melhor — ou aquilo que se lhes afigura como o melhor — que eventualmente pode ser o pior.

35. Regra de prudência.

36. Parágrafo praticamente idêntico ao que aparece nas *Diatribes de Epicteto* (III, 15). Não foi comentado por Simplício, o que indica que foi anexado posteriormente ao texto.

37. *Cheira ekbalein*: termo técnico de significação incerta relacionado ao *pancratium*, antiga modalidade

esportiva semelhante ao boxe (cf. Diógenes Laércio, 6, 27).

38. "Capricho", aqui, traduz *psychran epithymian*, literalmente: "vão desejo", "frio desejo" — ou seja, desejo irracional.

39. Renomado estóico, muito elogiado por Plínio (*Cartas*, I, 10), feroz inimigo de Apolônio de Tiana (cf. Epicteto, *Diatribes*, IV, 8, pp. 17–20).

40. A razão. Nas *Diatribes*, Epicteto afirma:

> Se forem verdadeiros aqueles ditos dos filósofos acerca da origem comum dos deuses e dos homens, que outra coisa resta aos homens senão reafirmar o dito de Sócrates, o qual, quando se lhe perguntava de que país era, jamais dizia ser ateniense ou coríntio, mas cidadão do cosmos. (*Diatribes*, 9.1)

"Cidadão do cosmos" traduz *kosmiōs*, que pode significar também "bem-arranjado", "bem--ordenado". É preciso notar que *kosmos* significa ainda a própria boa ordem do mundo. O termo latino *mundus* tem sentido semelhante a *kosmos*, denotando a abóbada celeste, o nosso mundo e, como adjetivo, o que é limpo, puro. Podemos, através dessas poucas palavras, vislumbrar um princípio fundamental do socratismo: o mundo é em si mesmo uma ordem, uma bela ordem, seguindo leis que lhe são inerentes e que o constituem. A ordem das coisas constata-se na sucessão ordenada das estações, no crescimento das plantas, no movimento dos astros. E o homem é parte integrante dessa ordem. Assim, para ser bom e belo — e, portanto, feliz — é preciso que o homem incorpore essa ordem cósmica dentro de si.

41. Quem se concentra na busca das coisas exteriores mostra que as valoriza mais que os bens interiores (adquiridos através de reflexão e de uma prática que esteja em conformidade com essa reflexão). Assim, a busca pelos bens interiores estará necessariamente em segundo plano.

42. A novidade que Sócrates e seus seguidores trazem em relação à piedade é a proposta de uma religiosidade que seja ao mesmo tempo um serviço à liberdade e à humanidade e que contenha em si a afirmação da responsabilidade moral de cada ser

humano, concepção que prescreve ao homem uma reflexão contínua sobre seus valores e sua condição.

43. De acordo com o mito, Polinices e Etéocles, filhos de Édipo, concordaram em governar Tebas em turnos de um ano. Etéocles, porém, uma vez tendo assumido o trono, não quis mais deixá-lo. Polinices, então, organizou um exército e atacou Tebas, e os dois irmãos se mataram um ao outro durante a batalha.

44. Preceito de Sócrates (cf. Xenofonte, *Memoráveis*, I, III, 3).

45. "Indiferente", aqui, traduz *adiaphora*. Todas as coisas exteriores nos são indiferentes na medida em que não constituem ainda um bem ou um mal.

46. Cf. Aelian, *Historia Varia*, 3, 44.

47. Regra de prudência.

48. Esse exercício estimula o decoro, evitando que o praticante do estoicismo se desvie e se perca na exterioridade.

49. Alguém que busca o luxo e a ostentação está evidentemente voltado para a externalidade.

50. Admirar excessivamente um espetáculo revela uma alma superficial que se deixa determinar pela externalidade.

51. É preciso ter sempre em mente os grandes exemplos de dignidade para nos guiarmos.

52. Um homem que se gaba é, naturalmente, vaidoso.

53. "Enrubescendo": isto é, sem esconder os verdadeiros sentimentos quanto às palavras inapropriadas.

54. Como disse Musônio Rufo, professor de Epicteto: "Se realizares um ato nobre com sofrimento, o sofrimento passa, mas a nobreza permanece. Se realizares um ato torpe com prazer, o prazer passa, mas a torpeza permanece" (Cf. Aulo Gélio, *Noites áticas*, XVI, pp. 1–2).

55. "Valor", aqui, traduz *axia*.

56. Daí a necessidade de conhecer a si mesmo.

57. A destruição dos limites significa a ação movida não pela razão, mas por alguma paixão, a qual, por ser irracional, não é determinada ou limitada.

58. "Senhoras" traduz *kuriai*. *Kuria* (*domina* em latim) é aquela que tem poder, autoridade, que domina. Assim, chamar uma moça de *kuria* ou *domina* significa, nesse contexto, reconhecer que ela já está pronta para casar e assumir o comando de uma casa.

59. Os socráticos conclamavam as mulheres para as atividades intelectuais e filosóficas. Havia filósofas entre os cínicos; os jardins de Epicuro recebiam mulheres; o estóico Sêneca escreveu algumas obras especialmente endereçadas às mulheres.

60. Diz-nos Aulo Gélio (Noites áticas, III, XIX, II, pp. 7–8): "Sócrates costumava dizer que os homens desejam viver para comer e beber, mas ele comia e bebia para viver". O estoicismo reafirma essa posição socrática, segundo a qual fazer do prazer a razão

do viver é pôr-se sob o domínio da externalidade. Como já notamos acima, não há aí uma condenação do prazer: ele será bom se o homem usufruí-lo mantendo-se senhor de si mesmo. Além disso, muitas vezes será bom evitar certos prazeres para que o homem, fortalecendo-se, possa suportar determinados sofrimentos. Quem, por exemplo, habituar-se a uma alimentação requintada, terá problemas se precisar servir-se de alimentos simples; quem se habituar a ser transportado de lá para cá terá problemas se precisar caminhar. A função do prazer será, como nos diz Epicteto, secundária: um refrigério que nos ajudará a viver, e não algo em razão do que devamos viver.

61. É preciso valorizar os homens por aquilo que lhes é próprio: seu caráter moral. Estimar a si mesmo ou aos demais por outras qualidades demonstra uma pessoa determinada pela externalidade.

62. Não se pode apreender uma intenção (boa ou má) a partir do testemunho de uma ação, mas tão-somente constatar sua desmedida. Adicionar uma suposta intenção (que não se mostra ao ver-se a ação) à impressão significa tornar a impressão subjetiva e não mais objetiva e compreensiva, falsificando-a.

Isso vale para os demais acontecimentos do mundo: é sempre um erro adicionar suposições infundadas às impressões que temos. Se alguém quebra um objeto nosso que estimamos não se pode identificar, *a priori*, uma intenção maligna; pode tratar-se de um acidente.

63. Como preceitos morais e princípios teóricos.

64. O exercício de o próprio filósofo reconhecer constantemente que não é dono de uma sabedoria absoluta, cujo principal exemplo é Sócrates, tem caráter terapêutico, já que assim é possível estar alerta para que tal pretensão não o invada e o submeta — pretensão que tem como efeitos a surdez em relação às críticas que lhe são endereçadas e a intolerância em relação aos que pensam de maneira diferente. O exercício de afirmar o caráter indireto e frágil de toda sabedoria humana é dramática e belamente ilustrado por Sêneca: "Não sou sábio e não o serei. Exige de mim, portanto, não que eu seja igual aos melhores, mas unicamente melhor que os maus; basta--me a cada dia cortar algum de meus vícios e refrear meus desvarios" (*Da vida feliz*, XVII, § 3). O lugar da filosofia se torna, entre os socráticos, não o monólogo do dono da verdade ou do escolhido, mas o diálogo.

65. "Não te exibas".

66. Nas *Diatribes de Epicteto* (III, XII, 17) essas palavras são apresentadas como pronunciadas por Apolônio de Rhodes. Platão, segundo Estobeu (*Florilegium*, III, 17, 38), também tinha o costume de fazer exercício semelhante.

67. Pois o sábio compreende que tanto o bem quanto o mal se originam dele mesmo.

68. "Impulso", aqui, traduz *hormē* (em latim: *appetitus*), que também pode ser traduzido por "tendência", "inclinação para agir".

69. Crisipo (280–207 a.C.) sucedeu Cleanto na direção da escola estóica em 232 a.C.

70. Esses versos são do estóico Cleanto (331/330–233/232 ou 232/231 a.C.), discípulo direto de Zenão de Cítio (335–264 a.C.), fundador do estoicismo. A aceitação do destino significa o assentimento ao inevitável. É sábio aceitar o inevitável, pois este, sendo necessário, não pode ser alterado. Sem compreender

que tais coisas são necessárias, o tolo preocupa-se e atormenta-se inutilmente, já que, de toda forma, será arrastado pelo destino. O sábio concentra-se sobre aquilo que pode modificar e detém-se ao que está sob o seu controle. O tolo, voltando-se contra o inevitável, deixa de lado aquilo que poderia mudar e realizar — e perde-se em uma luta inútil. Sêneca (*Cartas a Lucílio*, CVII, 11) traduziu os famosos versos de Cleanto:

> Conduz-me, ó Pai Excelso e Senhor do mundo,
> Para onde quer que queiras nenhum obstáculo impedir-
> -me-á de seguir-te.
> Diligente, estarei junto a ti. E caso eu não queira fazer
> O que é possível ao intrépido, ainda assim seguir-te-ei,
> gemendo e infeliz.
> O destino conduz a quem lhe obedece e arrasta a quem
> lhe opõe resistência.
>
> [Tradução a partir dos originais em latim]

71. Eurípides, fragmento 965 (Nauck). Essas palavras fundamentam o sentido dos versos de Cleanto.

72. Cf. Platão, *Críton*, 43d. Para isso há uma elegante sentença em latim: *Di Melius* (os deuses quiseram melhor). O dito de Sócrates manifesta sua serena aceitação do destino.

73. Cf. Platão, *Apologia*, 30 c-d. Sócrates resume o princípio estabelecido por Epicteto no capítulo I do *Encheirídion*. Nenhuma fatalidade externa nem a vontade de qualquer homem que seja pode produzir em nós dano moral. A injustiça que sofremos só nos tornará injustos se o permitirmos. O homem tem sempre a possibilidade de manter sua dignidade, ainda que através da morte.

REFERÊNCIAS BIBLIOGRÁFICAS

AELIAN. *Historical Miscellany*. Harvard: Loeb Classical Library, 1997.

AELIUS SPARTANUS. "Life of Hadrian". Em *Historia Augusta*, v. I. Harvard: Loeb Classical Library, 1921.

ANTONINO, Marco Aurélio. *Marcus Aurelius*. Harvard: Loeb Classical Library, 1916.

AULO GÉLIO. *Attic Nights*. Harvard: Loeb Classical Library, 1927.

DESCARTES, René. *Oeuvres de Descartes*. Paris: Vrin, 1973–1978.

DIOGENES LAERTIUS. *Lives of Eminent Philosophers* (I, II). Harvard: Loeb Classical Library, 1925.

EPICTETO. *Epictetus Encheiridion*. Berlim: De Gruyter, 2007.

_________. *Epictetus, The Handbook, the encheiridion*. Cambridge: Hacket, 1983.

_________. *Enchiridion*. Nova York: Prometheus, 1991.

_________. *Manuel d'Épictète*. Paris: LGF, 2000.

_________. "Pensées (Manuel) in extenso". Em Jean Brun (org.), *Les Stoiciens; Textes Choisis*. Paris: PUF, 1998.

_________. *The Discourses of Epictetus as reported by Arrian* (I, II, III, IV)*; Fragments; Encheiridion*. Cambridge: Loeb, 2000.

_________. *The Encheiridion of Epictetus and its Three Christian Adaptations.* Leiden: Brill, 1999.

_________. *The Discourses of Epictetus, with the Enchiridion and Fragments.* Londres: George Bell & Sons, 1877.

HIPÓLITO. *Hippolytus' Refutationes.* Gottingen: Duncker, 1859.

LUCRÉCIO. *On the Nature of Things*. Harvard: Loeb Classical Library, 1924.

ORÍGENES. *Contra Celsum*. Em *Ante-Nicene Fathers*, IV. Buffalo: Christian Literature Publishing Co., 1885.

PLATÃO. *Euthyphro. Apology. Crito. Phaedo. Phaedrus.* Harvard: Loeb Classical Library, 1914.

PLÍNIO, O JOVEM. *Letters* (I, II). Harvard: Loeb Classical Library, 1969.

PORFÍRIO. *Porphyrii Quaestionum homericarum ad Iliadem pertinentium reliquias collegitdisposuit.* Charleston: Nabu Press, 2010.

SCHENKL, H. *Epictetus Dissertationiones Ab Arriani Digestae*. Stutgart: Taubner, 1965.

SCHWEIGHAUSER. *Epicteteae Philosophiae Monumenta.* Leipzig: Weidmann, 1800.

______________. *Simplicii Commentarius in Epicteti Enchiridion accedit Enchiridii paraphasis christiana et Nili Enchiridion*. Leipzig: Weidmann, 1800.

SÊNECA. *Moral Essays* (I, II, III). Harvard: Loeb Classical Library, 1923.

________. *Epistles* (I, II, III). Harvard: Loeb Classical Library, 1917–1925.

SIMPLICIUS. *Commentaire sur le Manuel d'*Épictète, Introduction et édition critique du texte grec. Leiden: Brill, 1996.

XENFONTE. *Memorabilia. Oeconomicus. Symposium. Apology.* Harvard: Loeb Classical Library, 1923.

FICHA CATALOGRÁFICA

Flávio Arriano.
O Manual de Epicteto / Flavio Arriano; tradução, introdução e notas de Aldo Dinucci — Campinas, SP: Editora Auster, 2020.
Título original: Ἐγχειρίδιον Επικτήτου

ISBN: 978-65-80136-15-5

1. Aperfeiçoamento pessoal 2. Filosofia estóica 3. Ética
I. Epicteto II. Manual de Epicteto

CDD 158-1 / 188 / 170

Índices para catálogo sistemático:
1. Aperfeiçoamento pessoal – 158-1
2. Filosofia estóica – 188
3. Ética – 170

Este livro foi composto em Bembo Std
e impresso pela Ferrari Daiko em
papel *chambril avena* para a Editora Auster,
em janeiro de 2020.